Julio Quesada Bellver

Diseño y test de un emisor de fotón único sobre fibra óptica (1550 nm)

Julio Quesada Bellver

Diseño y test de un emisor de fotón único sobre fibra óptica (1550 nm)

Desarrollo de un emisor de fotón único para la codificación de información en sistemas de criptografía cuántica

Editorial Académica Española

Impressum / Aviso legal

Bibliografische Information der Deutschen Nationalbibliothek: Die Deutsche Nationalbibliothek verzeichnet diese Publikation in der Deutschen Nationalbibliografie; detaillierte bibliografische Daten sind im Internet über http://dnb.d-nb.de abrufbar.
Alle in diesem Buch genannten Marken und Produktnamen unterliegen warenzeichen-, marken- oder patentrechtlichem Schutz bzw. sind Warenzeichen oder eingetragene Warenzeichen der jeweiligen Inhaber. Die Wiedergabe von Marken, Produktnamen, Gebrauchsnamen, Handelsnamen, Warenbezeichnungen u.s.w. in diesem Werk berechtigt auch ohne besondere Kennzeichnung nicht zu der Annahme, dass solche Namen im Sinne der Warenzeichen- und Markenschutzgesetzgebung als frei zu betrachten wären und daher von jedermann benutzt werden dürften.

Información bibliográfica de la Deutsche Nationalbibliothek: La Deutsche Nationalbibliothek clasifica esta publicación en la Deutsche Nationalbibliografie; los datos bibliográficos detallados están disponibles en internet en http://dnb.d-nb.de.
Todos los nombres de marcas y nombres de productos mencionados en este libro están sujetos a la protección de marca comercial, marca registrada o patentes y son marcas comerciales o marcas comerciales registradas de sus respectivos propietarios. La reproducción en esta obra de nombres de marcas, nombres de productos, nombres comunes, nombres comerciales, descripciones de productos, etc., incluso sin una indicación particular, de ninguna manera debe interpretarse como que estos nombres pueden ser considerados sin limitaciones en materia de marcas y legislación de protección de marcas y, por lo tanto, ser utilizados por cualquier persona.

Coverbild / Imagen de portada: www.ingimage.com

Verlag / Editorial:
Editorial Académica Española
ist ein Imprint der / es una marca de
AV Akademikerverlag GmbH & Co. KG
Heinrich-Böcking-Str. 6-8, 66121 Saarbrücken, Deutschland / Alemania
Email / Correo Electrónico: info@eae-publishing.com

Herstellung: siehe letzte Seite /
Publicado en: consulte la última página
ISBN: 978-3-8473-5334-8

A mi hermana Belén, mi madre y mi padre.

A Solano, Saúl, Juan, Piña, Álvaro, Piñas.

Contenido

Palabras clave

Emisor, generador, fotón, fotones, individual, criptografía, cuántica, histograma, electrónica, óptica.

Emitter, generator, photon, photons, single, criptography, quantum, histogram, electronic, optical.

Introducción

El desarrollo de fuentes eficientes emisoras de fotón único plantea un gran reto en el contexto de la comunicación cuántica, en concreto en el entorno de la codificación de la información transmitida (criptografía). Uno de los principios de funcionamiento de los sistemas de criptografía cuántica está centrado en la codificación de la información a transmitir con el menor número posible de fotones (uno en el caso ideal) para minimizar, de este modo, los ataques externos al sistema. Asimismo, se evita el envío de información redundante, ganando en velocidad de transmisión.

La longitud de onda de emisión, su ancho espectral, la forma de excitación de la fuente emisora de fotón único, la posibilidad de emisión polarizada y la temperatura de trabajo son factores relevantes que se estudiarán y servirán de guía a la hora de clasificar dichas fuentes.

En este trabajo se detalla el diseño, fabricación y testeo de un sistema capaz de emitir fotones individuales de forma controlada a una longitud de onda de 1550 nm mediante la excitación de un láser con un sistema electrónico generador de pulsos.

The development of efficient sources of single photon sources poses a major challenge in the context of quantum communication, particularly in the vicinity of the coding of the transmitted information (cryptography).

One of the principles of operation of quantum cryptography systems is focused on the coding of information transmitted with the least possible number of photons (one in the ideal case) to minimize in this way, the system from   external   attacks. It   also avoids   sending redundant information, gaining in speed of transmission.

Also, the emission wavelength, the spectral width, the shape of excitation single photon emitting source, the possibility of polarized emission and operating temperature are important factors that are discussed in this report and will guide when classifying these sources.

This paper details the design, manufacture and testing of a system capable of emitting single photons in a controlled manner at a wavelength of 1550 nm by the excitation of a laser with an electronic pulse generator.

1. Fuente ideal de fotón único

Según lo descrito en [1] una fuente de fotón único emite un solo fotón en cada pulso de excitación, además debe cubrir una serie de requerimientos para ser considerada adecuada para su uso en el ámbito del procesamiento cuántico de la información:

(i)   Emisión estable libre de parpadeo.

(ii) Ancho de línea espectral de emisión estrecho.

(iii) Corto tiempo de vida del estado excitado (ps < τ < ns).

(iv) Completamente polarizado en los canales de emisión y absorción.

(v) Sistema de dos niveles, sin estado metaestable.

(vi) Desfase y difusión espectral inapreciable para obtener una transformada de Fourier Limitada.

Las características que debe presentar la fuente dependen directamente de su aplicación. En el ámbito en el que nos desarrollamos, criptografía cuántica, alta frecuencia de repetición y polarización son necesarias. El tiempo de vida del estado de excitación debe ser corto para asegurar la compatibilidad con la velocidad de disparo de la fuente de excitación. El espectro, en este caso, debe estar bien asociado con el espectro del canal dedicado a la comunicación.

1.1 Técnicas de caracterización óptica

La clasificación óptica de las fuentes de fotón único se obtiene a partir de su estadística (Poissoniana, sub-Poissoniana o no correlacionada) [1], factor que se determina a partir de la función de autocorrelación de segundo orden de los fotones emitidos, $g^{(2)}$ (τ) (referencias 2 a 19). La función de autocorrelación parametriza la probabilidad de detectar un fotón en un tiempo de retardo τ, dada la probabilidad de detectar un fotón en un tiempo t. La expresión de la función de correlación de segundo orden es:

$$g^2(\tau) = \frac{\langle I(t)I(t+\tau)\rangle}{\langle I(t)\rangle^2}.$$

De esta función se extrae información acerca de la estadística de los fotones emitidos y es usada como método para determinar si una fuente determinada es una fuente emisora de fotón único. Usando la teoría cuántica de la luz en segunda cuantización $g^{(2)}(\tau)$ se puede expresar en términos de los operadores de creación y aniquilación de fotones, a^+ y a respectivamente:

$$g^2(\tau) = \frac{\langle a^+(t)a^+(t+\tau)a(t)a(t+\tau)\rangle}{\langle a^+(t)a(t)\rangle^2}.$$

Para un determinado estado de Fock o número de estado $|n\rangle$ cumpliendo la relación bosónica de conmutación $a(t_1)$, $a^+(t_2) = \delta_{t1,t2}$, la correlación para un desfase de tiempo 0 equivale a:

$$g^2(0) = \frac{n(n-1)}{n^2}.$$

Una fuente emisora de fotón único sólo genera un fotón en un tiempo determinado, $n = 1$, por lo tanto la función de autocorrelación de segundo orden $g^2(0)$ equivale a 0. La curva de eventos asociados a esta función se conoce con el nombre de "antibunching curve", es decir, curva de no acumulación de eventos (figura 1). Un valor de g^2 muy próximo a cero para un desfase temporal de cero segundos caracteriza a la fuente como una fuente de fotón único. Como normativa se establece que una fuente puede considerarse como fuente de fotón único si $g^2(0) < 0.5$.

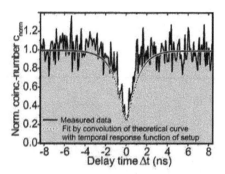

FIG. 1 Curva "antibunching". Ejemplo de una medida experimental ([16]) donde se observa un valor de autocorrelación próximo a 0.2 para un desfase entre cuentas de 0 segundos.

El método estándar utilizado para medir la estadística fotónica de la luz es el interferómetro *Hanbury-Brown-Twiss* (HBT) [22]. El esquema mostrado en la figura 2 [22] podría considerarse una de las configuraciones más sencillas consistente en la fuente emisora de luz a estudio, un divisor de haz, dos receptores con amplificación y un correlador. La luz emitida es separada al 50% por medio del divisor de haz. Cada haz resultante es medido por un detector (normalmente fotodiodos de avalancha, APD) conectados a un analizador de intervalo de tiempo que recoge el desfase entre un evento ocurrido en el APD 1 y otro evento en el APD 2 asociados al mismo haz de luz emitido por la fuente. La curva "antibunching" recogida por este interferómetro garantiza o descarta la emisión de fotón individual.

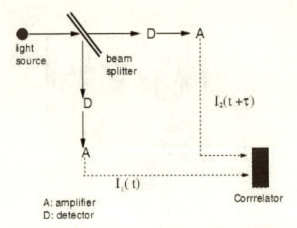

FIG. 2 Esquema de montaje para la medida de autocorrelación usando el método Hanbury Brown-Twiss donde τ es el retardo medido entre los eventos medidos en los dos detectores asociados al mismo haz emitido.

2. Fuentes actuales emisoras de fotón único

Actualmente la necesidad de obtener una fuente emisora de fotón único (SPS, single photon source) ha derivado en la generación de fuentes bajo diversas tecnologías de fabricación que abordan el problema desde diferentes puntos de vista, dando lugar a diseños de fuentes con características que determinan la viabilidad de su uso dependiendo de su finalidad. Como se ha comentado en la introducción, no solo adquiere importancia la longitud de onda de emisión y la anchura espectral de dicha línea de emisión. La eficiencia, temperatura de trabajo, posibilidad de emisión polarizada y la forma de excitación, eléctrica y óptica (en la mayoría de casos), adquieren gran relevancia.

Una profunda revisión de los artículos publicados relacionados con la obtención de fuentes de emisión de fotón único permite separar las principales metodologías de diseño atendiendo al núcleo de funcionamiento de las mismas: *punto cuántico, centro de color en diamante, molécula simple* [9], *nanotubo, dipolo* [3]*, trampa isoelectrónica* [25]. Algunas de estas tecnologías combinan la fabricación de la fuente emisora con algún tipo de *micro-cavidad resonante* de manera que maximizan alguna característica de la fuente como la polarización del fotón emitido.

La siguiente sección se centra en las tecnologías más utilizadas y desarrolladas mostrando una breve descripción y las principales características de las fuentes emisoras obtenidas.

2.1 SPS basado en punto cuántico

Un punto cuántico es, normalmente, una estructura semiconductora que confina el movimiento, en las tres direcciones espaciales, de los electrones en la banda de conducción, los huecos en la banda de valencia o los pares enlazados (electrón y hueco). Este confinamiento puede realizarse electrostáticamente o mediante la superficie del semiconductor (nanocristal semiconductor).

En cuanto a la viabilidad como fuente de fotón único el principal inconveniente que presentan estas estructuras es la baja temperatura de trabajo (*temperatura criogénica*, ~ 40 K) necesaria para su correcto funcionamiento. Sin embargo, los últimos diseños han conseguido aumentar considerablemente la temperatura de operación del sistema (220 K) [8] aunque aún muy lejos de sistemas que operan a temperatura ambiente.

Otro aspecto a tener en cuenta es la fuente de excitación que, en la mayoría de los diseños basados en punto cuántico, es un *haz láser*. El punto cuántico se excita con una fuente láser de determinada longitud de onda λ_1 y reemite a una longitud de onda distinta λ_2, que depende, entre otros factores, del tamaño del punto cuántico. Según lo mostrado en [26] la excitación por medio de un haz láser puede sustituirse por excitación eléctrica insertando un punto cuántico de InAs en la zona intrínseca *i* de un diodo p-i-n basado en GaAs (figura 3).

La eficiencia es otro de los factores que va a determinar la bondad de la fuente como generador de fotón único. El siguiente diseño [8] propone una idea diferente respecto a lo mostrado anteriormente consiguiendo una eficiencia de 0.72 bajo bombeo (excitación) óptica. Se trata de un punto cuántico de InAs embebido en un nanohilo fotónico de GaAs (figura 3).

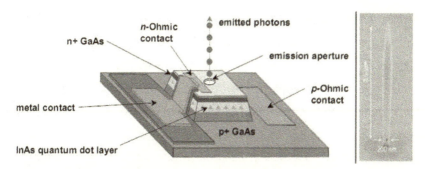

FIG. 3 (izda) Punto cuántico de InAs en la zona intrínseca *i* de un diodo p-i-n de GaAs.
(dcha) InAs (triángulo rojo) embebido en nanohilo deGaAs.

Respecto a la longitud de onda de onda de emisión de este tipo de
fuentes, aunque la mayor parte de los diseños trabaja en torno a los
800-950 nm, llegando en algún caso a los 1300 nm, el diseño propuesto
en [28] hace referencia a puntos cuánticos de InAs embebidos en una
matriz metamórfica $In0.42Ga0.58As$ crecida sobre sustrato de GaAs
emitiendo a 1.55 μm con ciertas limitaciones, ya que el espectro
presenta diferentes líneas de emisión como se observa en la figura 5.
Longitud de onda válida para las telecomunicaciones.

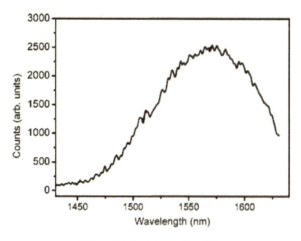

FIG. 4 Fotoluminiscencia a 5 K.

Mejorando este diseño, [17] propone una fuente emisora basada en un punto cuántico con núcleo de InAs/InP a través de una SMF (single-mode fiber), obteniendo una línea espectral de emisión en la banda C (1530-1565 nm). La ventana de trabajo de longitud de onda para las telecomunicaciones comprende el rango de 1.3 – 1.55 μm. Este rango se divide en cuatro bandas: banda O (1260-1360 nm), banda E (1360-1460 nm), banda S (1460-1530 nm) y banda C (1530-1565 nm). La banda C es especialmente importante desde un punto de vista de transmisión a larga distancia porque mantiene la máxima transmitancia en todas las bandas de fibra óptica.

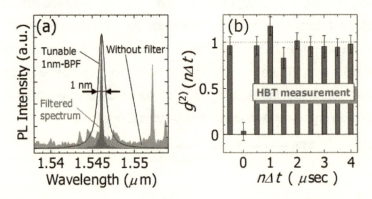

FIG. 5 (a) Espectro de emisión. (b) Función de correlación de segundo orden a 1546 nm.

El desarrollo de generadores de fotones únicos en el rango de las telecomunicaciones presenta dos inconvenientes principales: la obtención de puntos cuánticos de alta calidad y la inyección de los pulsos de fotón único en la fibra de transmisión.

2.2 SPS basado en centro de color en cristal de diamante

Los centros de color [14] son defectos de cristales no orgánicos aislantes, como álcalis alógenos, característicos por intensas bandas de absorción y fluorescencia. Emergen de estados electrónicos localizados con impurezas intersticiales, vacantes, o cargas portadores insertadas.

FIG. 6 Estructura atómica de un centro NV en un cristal de diamante. Imagen tomada de [14].

Aunque son muchos los centros de color desarrollados, sólo un pequeño grupo de éstos posee las características foto-físicas adecuadas para su utilización como fuentes emisoras de fotón único.

Una notable ventaja de los materiales inorgánicos, y en concreto del diamante, es su rigidez mecánica y su estabilidad. Pese a que las funciones de onda electrónicas y las características foto-físicas de los centros de color son muy similares a aquellas presentes en moléculas orgánicas, su foto-estabilidad está muy mejorada, tanto por la rigidez de la red del diamante como la protección contra pequeñas moléculas como el oxígeno.

La principal característica que presentan los centros de color en cristales de diamante respecto a su uso como fuentes emisoras de fotón único es, su temperatura ambiente de trabajo, aspecto que lo convierte en una ventaja frente a los puntos cuánticos. Por ejemplo [30] propone un centro de color basado en Ni-N implantado en la red del diamante, dando lugar a una fuente de fotón único a una longitud de onda de 768 nm cuyo espectro y función de autocorrelación fueron medidos a temperatura ambiente.

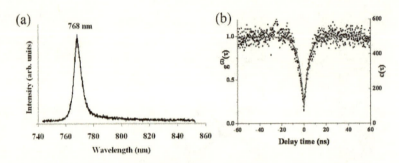

FIG. 7 (a) Espectro experimental. (b) Función de autocorrelación $g^2(0) = 0.16$.

La implantación de impurezas en la red del diamante es un proceso bien conocido y desarrollado permitiendo así variaciones sobre los diseños originales. [24] propone un centro de color basado en N-vacante en un cristal de diamante que a su vez es adjuntado a una película de oro de 50 nm enriqueciendo la fotoluminiscencia del centro de color y preservando sus características foto-físicas.

El diseño fabricado en [6] avanza aún más en este tipo de tipología de fuentes de fotón único ya que consigue implantar el cristal de diamante (con el centro de color en su interior) en la cara de uno de los extremos de una fibra óptica obteniendo un valor de $g^2(0) = 0.36$.

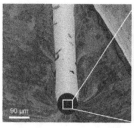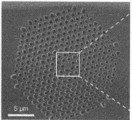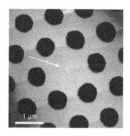

FIG. 8 Nanodiamante implantado en fibra óptica. Imagen tomada de [6].

Los centros de color son más inflexibles en cuanto al tipo de excitación necesaria para su funcionamiento, ya que a día de hoy sólo hay referencias de fuentes emisoras de fotón único basadas en centros de color excitadas ópticamente. Otra limitación es la longitud de onda de emisión (no superior a 800 nm).La longitud de onda típica de trabajo en telecomunicaciones es 1550 nm, factor que actualmente descarta este tipo de tecnología para el uso mencionado.

2.3 SPS basado en moléculas orgánicas

Algunas moléculas orgánicas [14], emisoras de fluorescencia con un alto rendimiento cuántico, fueron utilizadas como los primeros sistemas de materia condensada para los cuales la curva de "antibunching" fue demostrada. Las características foto-físicas de las moléculas las hacen interesantes para el desarrollo de fuentes de fotón único tanto a *temperaturas criogénicas* como a *temperatura ambiente* e incluso para el desarrollo de sistemas más complejos formados por varias moléculas (conjuntos, polímeros, etc).

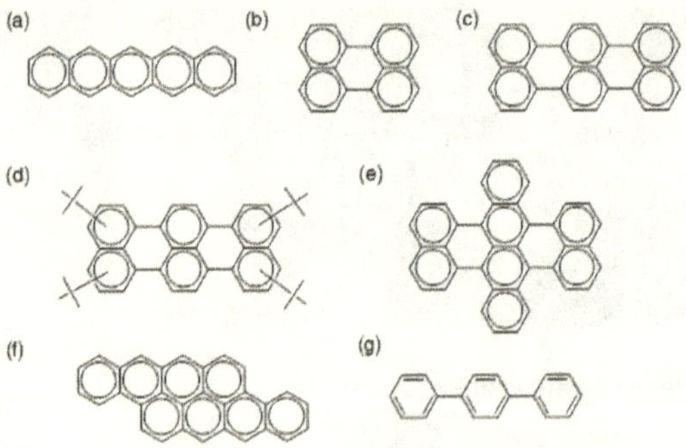

FIG. 9 (a) Pentaceno, (b) perileno, (c) terileno, (d) TBT, (e) DBT, (f) DBATT, (g) p-terfenilo.
Imagen obtenida de [18].

A bajas temperaturas moléculas orgánicas inferiores a 1 nanómetro pueden presentar espectros en el visible o infrarrojo cercano. La transición del estado de reposo al estado excitado da lugar a un espectro con una muy estrecha línea de emisión llamada línea de fonón zero (zero-phonon line ZPL). EL espectro natural de fluorescencia molecular presenta varias líneas de emisión debido a las transiciones entre los múltiples estados de excitación moleculares. Para obtener emisiones propicias para la generación de fuentes de fotón único se debe seleccionar la emisión ZPL o recrearla mediante una micro-cavidad resonante (método difícil no conseguido hasta ahora).

A temperatura ambiente aparecen pocas bandas de absorción y emisión. Las líneas de emisión, incluso en entornos cristalinos, nunca son más estrechas. Fluctuaciones térmicas, vibraciones y fonones en sólidos provocan un desfase de las oscilaciones electrónicas lo que deriva en la desaparición de la transición ZPL para temperaturas superiores a los 50 K.

Actualmente no existen tantos diseños de fuentes emisoras de fotón único en comparación con las tecnologías de punto cuánto y centros de color. El hecho de que sea necesaria la emisión de luz a partir de la línea de fonón cero (ZPL) y la dificultad que presenta la implantación de las moléculas orgánicas en cavidades resonantes hace esta tecnología menos atrayente a la hora de diseñar una fuente de fotón único.

El espectro de emisión está dominado por la transición ZPL pero, como se observa en la figura 10, pueden aparecer emisiones en otras longitudes de onda debido a una transición entre estados distintos a la correspondiente a ZPL, incluso a temperaturas criogénicas [9]. En este caso se consiguió una longitud de onda de emisión de 590 nm y un factor $g^2(0) = 0.34$.

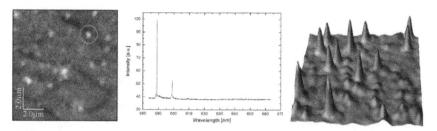

FIG. 10 (dcha.) Imagen de la fluorescencia de moléculas de terileno en un cristal p-terfenilo a temperatura ambiente. Imagen obtenida de [18]. (izda.) Moléculas vistas como puntos brillantes. (centro.) Espectro típico de una molécula simple DBATT dominado por la emisión ZPL.

3. Parámetros experimentales de las SPS actuales

Según el estudio de las actuales fuentes emisoras de fotón único diseñadas y desarrolladas hasta la fecha actual se dispone de una serie de parámetros característicos de cada una de las fuentes que servirán para establecer una comparativa entre ellas y, a su vez, determinar los objetivos que un futuro diseño de este tipo de fuentes debe cumplir o superar en relación a las fuentes existentes.

Observando la tabla 1 se ve que existen bastantes desarrollos de fuentes emisoras de fotón individual basadas en distintos tipos de materiales con diferentes características.

Como se ha indicado en la introducción hay ciertos parámetros de las estas fuentes emisoras que pueden llegar a determinar si dicho sistema es válido o no dependiendo del entorno en el que se va a utilizar.

En nuestro caso, el sistema que se muestra ha sido diseñado para trabajar en sistemas de criptografía cuántica sobre fibra óptica, lo que restringe completamente la longitud de onda de emisión ya que la fibra óptica presenta la menor pérdida óptica para 1550 nm. Como se puede observar a 1550 nm sólo se encuentran dos trabajos (referencias 17 y 28 de la tabla 1).

De esta forma el prototipo desarrollado presenta las características adecuadas para ser utilizado en entornos criptográficos basados en fibra óptica sin que parámetros como la temperatura de trabajo, forma de excitación o frecuencia de operación presenten inconveniente alguno.

ref.	año	descripción	λ (nm)	g²(0)	temp. (K)	excitación	frec. op.
[7]	2011	InAs qd pin	960	0.2	15	eléctrica	1 Ghz
[27]	2006	InAs/GaAs qd en pin	1300		40	eléctrica	
[28]	2008	InAs qd en InGaAs	1550		77	óptica	
[8]	2008	QD en NanoWire	560-570	0.11	4 - 220	óptica	
[29]	2010	QD en NanoWire	911-919	< 0.01	5	óptica	55 Mhz
[26]	2002	InAs qd en pin	1300	0.75	5	eléctrica	80 Mhz
[19]	2002	InAs/GaAs qd	877	0.113	4	óptica	3 GHz
[4]	2009	InAs/GaAs qd cavity	963.6	0.25	15	eléctrica	1 GHz
[17]	2006	InAs/InP qd	1546	< 0.1	10	óptica	2 MHz
[12]	2010	QD coloidal	700	0.11	ambiente	óptica	
[21]	2011	NV CC sobre lente	795	< 0.5	ambiente	óptica	80 MHz
[20]	2009	Cr CC	756	0.2	ambiente	óptica	
[15]	2011	Ni/Si CC	767-775	< 0.03	ambiente	óptica	
[13]	2011	NE8 CC	795	0.65	ambiente	óptica	
[10]	2006	Ni-N CC	780	0.3	ambiente	óptica	
[6]	2011	NV CC	670	0.36	ambiente	óptica	
[30]	2009	NV NE8 CC	768	0.16	ambiente	óptica	0.5 GHz
[24]	2011	NV CC en Au	560-670		ambiente	óptica	1 MHz
[5]	2009	NE8 NV CC	470.5	0.2	ambiente	óptica	
[2]	2005	Ni-N CC	782	0.2	ambiente	óptica	
[32]	2010	Cr CC	749	0.2	ambiente	óptica	40 MHz
[31]	2010	NV en cavidad	667.3	0.1	ambiente	óptica	20 MHz
[9]	2008	Molécula DBATT	589	0.34	1.4	óptica	76 MHz

Tabla 1. Parámetros experimentales según las diferentes tecnologías

4. Diseño del generador de fotón único

El sistema generador de fotón único desarrollado se compone básicamente de un generador de pulsos trabajando a una **frecuencia de 5 MHz** adaptado a un diodo láser cuya longitud de onda de emisión está centrada en **1550 nm**.

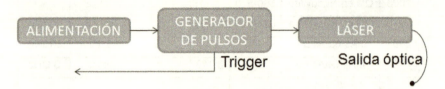

FIG. 11 Esquema del generador.

4.1 Diseño del generador de pulsos
El sistema electrónico generador de pulsos se divide en tres partes.

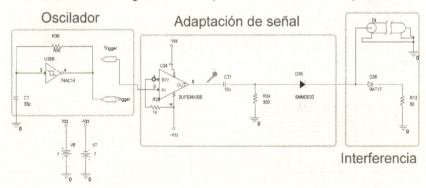

FIG. 12 Esquemático del sistema electrónico.

El sistema oscilador ([33]) consiste en un Schmitt-Trigger cuya frecuencia de operación se controla mediante la constante de tiempo de carga y descarga de la red RC (t = RC). La corriente máxima de salida del Schmitt-Trigger es de 100 mA aproximadamente por lo que se utiliza un buffer de alta velocidad con corriente de salida de 250 mA para alimentar el resto del sistema.

Para conseguir pulsos con una anchura inferior al nanosegundo es necesario que los tiempos de subida y bajada de la señal cuadrada sean mínimos, para lo que se introduce en el diseño un SRD (Step Recovery Diode) que proporciona una señal cuadrada con tiempos de subida y bajada en torno a 50 ps. La red RC (C21 R34) es necesaria para adaptar la salida del buffer a los niveles de tensión adecuados para el SRD.

La generación de los pulsos de salida se consigue produciendo la interferencia del pulso original generado a la salida del SRD con el pulso reflejado en la línea de transmisión cortocircuitada. De esta manera la anchura temporal del pulso es proporcional a la longitud de la línea de transmisión.

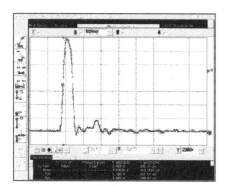

FIG. 13 Pulso generado.

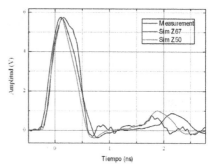

FIG. 14 Simulación para distintas impedancias de la línea de transmisión (50 y 67 Ohm).

La figura 13 muestra el pulso generado por el sistema. El voltaje de salida del pulso generado se controla mediante las tensiones de alimentación del sistema. La anchura temporal del pulso queda fijada en

543 ps, siendo éste el mínimo ancho de pulso capaz de excitar el diodo láser debido al tiempo de respuesta de éste.

Asociado al pulso de excitación aparece un rizado debido a las reflexiones del pulso que se producen en la línea de transmisión por desacoplo de impedancia entre la propia línea de transmisión y la parte del circuito a la que se conecta. Para minimizar este efecto se diseñó el layout de manera que presentasen la misma impedancia (50 ohmios, h = 1,57 mm, W = 2.9 mm, t = 36 μm, ε_r = 4,5).

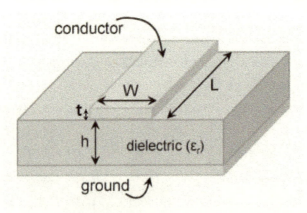

FIG 15. Parámetros de la línea de transmisión microstrip.

Mediante una herramienta de diseño se desarrolla el prototipo emisor fotónico cumpliendo las especificaciones anteriores.

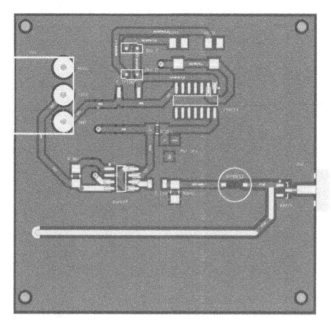

FIG. 16 Layout.

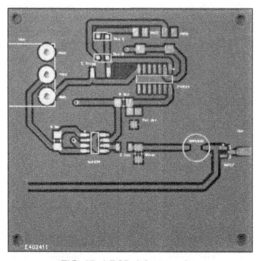

FIG. 17 a) PCB del generador.

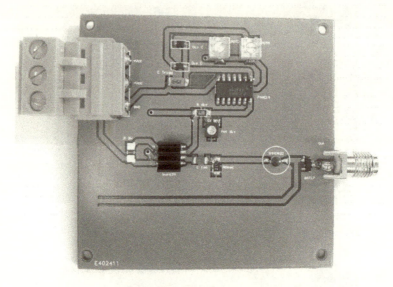

FIG. 17 b) Generador ensamblado.

El testeo de la longitud de onda de emisión del sistema se realizó mediante un OSA (Optical Spectrum Analyzer) de Agilent, HP 71450. El máximo de emisión se centra en 1548.8 nm siendo inapreciable emisión láser a otras longitudes de onda.

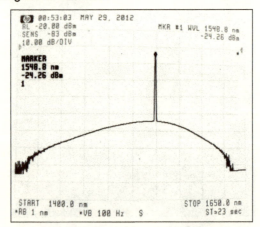

FIG. 18 Longitud de onda de emisión del diodo láser.

El conjunto, instalado en una carcasa con aislamiento electromagnético, se alimenta a través de un conector de tres vías con cables apantallados individualmente. La salida óptica del sistema se hace a través de fibra óptica mediante un conector FC/PC.

FIG. 19 a) Emisor (vista superior).

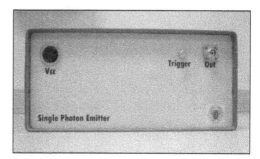

FIG. 19 b) Emisor (vista frontal).

Conector	Tipo	In/Out	Tensión máxima (V)
Alimentación		IN	V+ = 3.7, V- = -12,0
Trigger	SMA	OUT	2,5
Señal óptica	FC/PC	OUT	

Tabla 2. Tensiones de polarización.

4.2 Instrucciones de alimentación del sistema

La alimentación del sistema se realiza a través del conector de tres vías indicado anteriormente. El cable correspondiente de alimentación se ha diseñado de manera que cada terminal (positivo, negativo y neutro) tiene estructura coaxial (núcleo y malla). De esta manera se aísla el generador de cualquier posible ruido inducido a través de los terminales de alimentación.

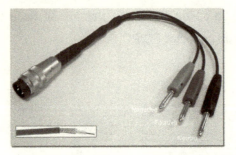

FIG. 20 Cable de alimentación.

Para alimentar el sistema es necesario el uso de una fuente de salida positiva y negativa. En caso de no disponer de dicha fuente se recomienda el uso de una fuente de dos canales con la siguiente configuración:

Terminal positivo (rojo) del cable conectado al positivo del canal 1.

Terminal neutro (negro) del cable conectado al negativo del canal 1.

Terminal negativo (verde) del cable conectado al negativo del canal 2.

Terminal neutro (negro) del cable conectado al positivo del canal 2 mediante cable auxiliar suministrado.

De esta manera la conexión de alimentación debería ser la siguiente:

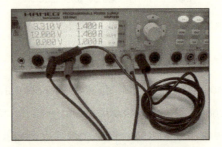

FIG. 21 Configuración de alimentación.

La tensión de polarización positiva (banana roja) del sistema se puede variar en torno a un rango determinado comprendido entre 3,3 y 3,7 V. Se aconseja fijar esta polarización a 3,31 V.

La tensión de polarización negativa (banana verde) debe ser fija e igual a 12,00 V en valor absoluto. Es decir, entre el Terminal negativo y neutro debe haber -12,00 V.

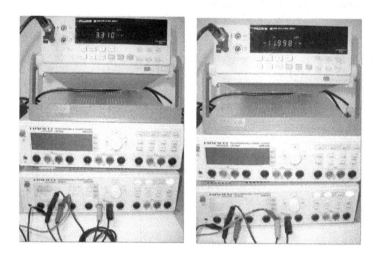

FIG. 22 Tensiones de polarización.

Una vez se disponga del sistema en dicha configuración se puede encender la fuente de alimentación de manera que el sistema arranca automáticamente, activando la salida de trigger, de manera que se puede sincronizar la recepción del pulso de un solo fotón.

Terminales	Identificación	Diferencia de potencial
Positivo - Neutro	Rojo – Negro	3,31 V
Negativo - Neutro	Verde - Negro	-12,00 V

Tabla 3. Tensiones de polarización recomendadas.

4.3 Sincronización con osciloscopio

La sincronización mediante la señal de trigger se demuestra en la siguiente imagen donde, con el sistema receptor que se desarrolla más adelante, se obtiene el pulso fotónico al conectar el trigger del sistema a la salida auxiliar del osciloscopio en correcta configuración de trigger.

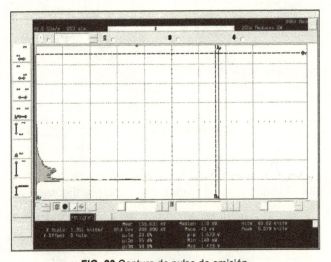

FIG. 23 Captura de pulso de emisión.

5. Diseño del sistema de test del generador

La verificación del sistema emisor de fotón único se debe realizar siguiendo cualquiera de los siguientes métodos estandarizados:

a) Medida del valor de autocorrelación del sistema.

b) Obtención de patrones de conteo fotónico.

Debido a los costes que supone diseñar y disponer del material necesario para medir la autocorrelación del sistema (apartado 8) se ha optado por obtener patrones de conteo fotónico ya que en este caso solo es necesario el uso de un único detector.

En este caso se ha trabajado con el detector NIRDAPD TEC de *Amplification Technologies*, encapsulado en el módulo de detección DEM2NIRDAPD.

FIG. 24 Detector y módulo de detección.

El esquema del montaje de test del dispositivo se muestra a continuación:

FIG. 25 Esquema del módulo de detección.

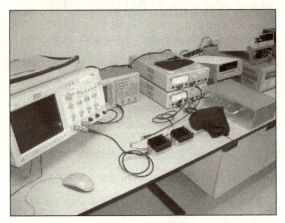

FIG. 26 Montaje de detección.

El detector utilizado NIRDAP TEC, admite un rango de polarización variable entre 50 y 80 V. Asimismo dispone de una entrada eléctrica para alimentar una célula de efecto Peltier instalada en el módulo de detección. Variando la tensión de alimentación del módulo así como la tensión de refrigeración se obtiene un estudio del funcionamiento del generador de fotón único.

Para obtener patrones de conteo más definidos se utilizan dos amplificadores ZPUL-30P de MiniCircuits.

5.1 Resultados de las pruebas de test

La obtención de los patrones de conteo del generador se consigue a través de la función **histograma** del osciloscopio del laboratorio, *Agilent Infiniium DSO 81204B*. El histograma dará una visión del número de veces que ocurren las distintas detecciones de uno, dos o ningún fotón en forma de picos, es decir, la altura de cada pico es proporcional a la frecuencia de aparición del mismo. De esta manera se visualiza en el histograma distintos picos correspondientes a las distintas detecciones comentadas.

El tiempo mínimo necesario para obtener un histograma oscila entre los 30 segundos y 2 minutos.

Una vez configurado el esquema de detección y comprobadas las indicaciones de alimentación óptimas solicitadas al fabricante se realizó la siguiente serie de medidas.

5.2 Detector no refrigerado

Tensión aplicada al detector 55,70 V

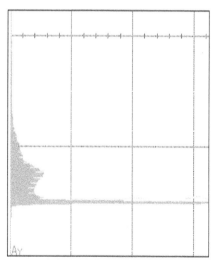
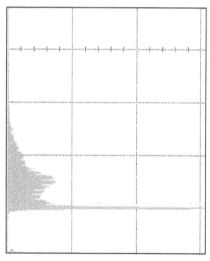

FIG. 27 Terminal positivo de alimentación 3,160 V.

FIG. 28 Terminal positivo de alimentación 3,180 V.

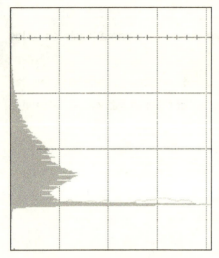

FIG. 29 Terminal positivo 3,220 V.

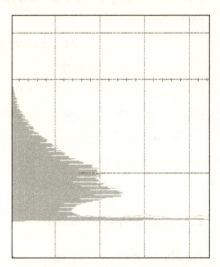

FIG. 30 Terminal positivo 3,240 V.

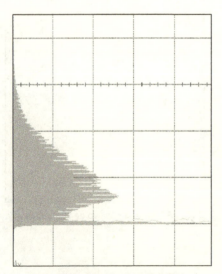

FIG. 31 Terminal positivo 3,243 V.

Tensión aplicada al detector 56,30 V

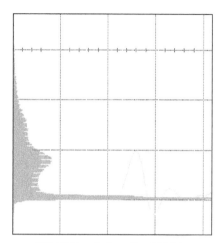

FIG. 32 Terminal positivo 3,30 V.

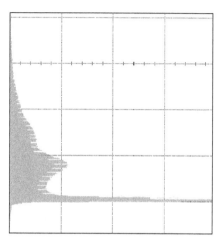

FIG. 33 Terminal positivo 3,31 V.

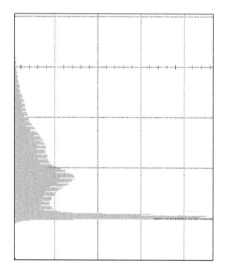

FIG. 34 Terminal positivo 3,315 V.

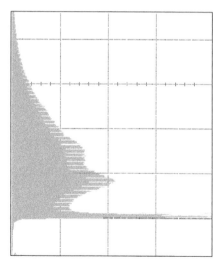

FIG. 35 Terminal positivo 3,32 V.

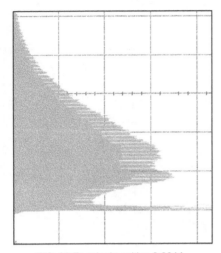

FIG. 36 Terminal positivo 3,33 V.

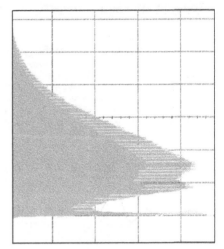

FIG. 37 Terminal positivo 3,34 V.

Tensión aplicada al detector 56,60 V

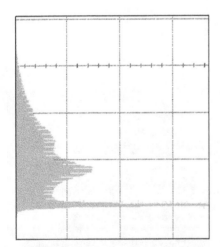

FIG. 38 Terminal positivo 3,286 V.

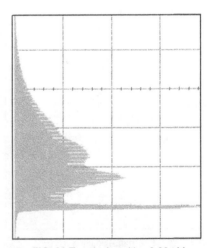

FIG. 39 Terminal positivo 3,294 V.

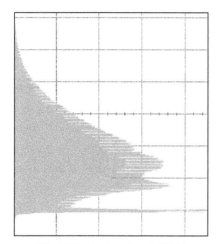 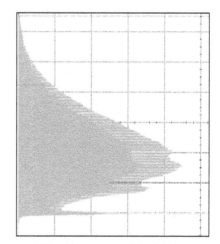

FIG. 40 Terminal positivo 3,303 V.   **FIG. 41** Terminal positivo 3,310 V.

Tensión aplicada al detector 57,00 V

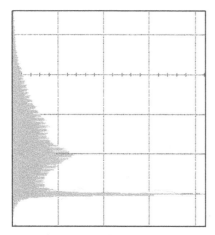 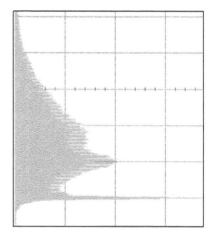

FIG. 42 Terminal positivo 3,00 V.   **FIG. 43** Terminal positivo 3,05 V.

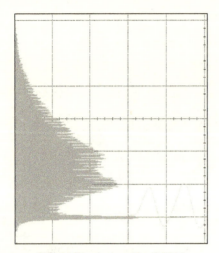

FIG. 44 Terminal positivo 3,07 V.

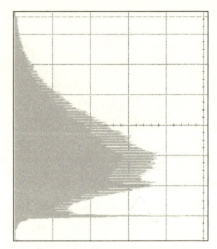

FIG. 45 Terminal positivo 3,10 V.

Tensión aplicada al detector 57,25 V

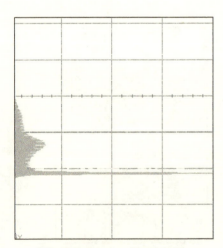

FIG. 46 Terminal positivo 3,31 V.

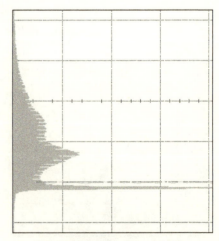

FIG. 47 Terminal positivo 3,34 V.

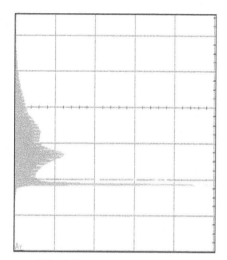

FIG. 48 Terminal positivo 3,35 V.

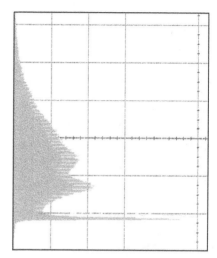

FIG. 49 Terminal positivo 3,365 V.

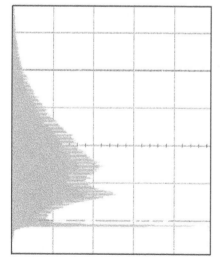

FIG. 50 Terminal positivo 3,37 V.

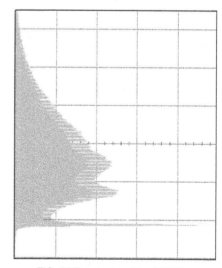

FIG. 51 Terminal positivo 3,38 V.

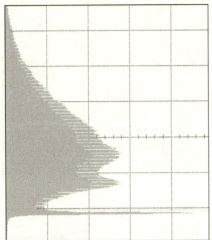

FIG. 52 Terminal positivo 3,385 V.

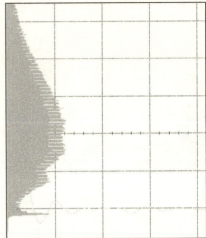

FIG. 53 Terminal positivo 3,39 V.

Tensión aplicada al detector 57,46 V

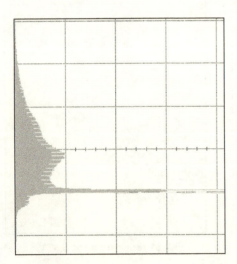

FIG. 54 Terminal positivo 3,39 V.

Tensión aplicada al detector 57,68 V

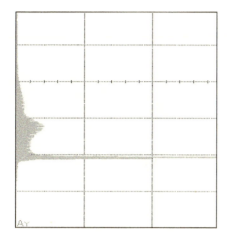

FIG. 55 Terminal positivo 3,15 V.

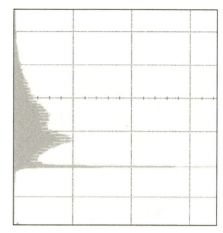

FIG. 56 Terminal positivo 3,16 V.

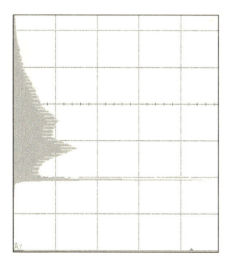

FIG. 57 Terminal positivo 3,17 V.

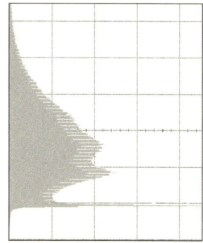

FIG. 58 Terminal positivo 3,18 V.

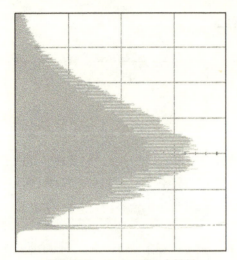

FIG. 59 Terminal positivo 3,20 V.

Tensión aplicada al detector 57,98 V

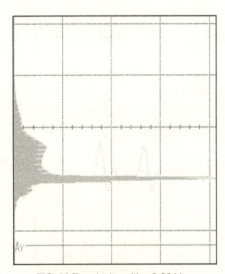

FIG. 60 Terminal positivo 3,22 V.

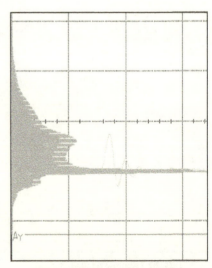

FIG. 61 Terminal positivo 3,24 V.

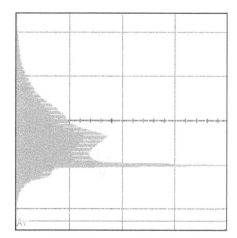

FIG. 62 Terminal positivo 3,26 V.

5.3 Detector refrigerado

Utilizando la entrada de refrigeración del módulo aplicamos distintas tensiones obteniendo los siguientes resultados:

Tensión aplicada al detector 53,30 V, entrada de refrigeración 0,96 V

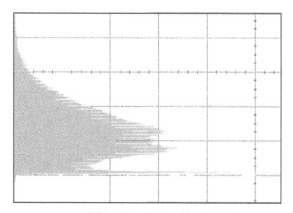

FIG. 63 Terminal positivo 3,283 V.

Tensión aplicada al detector 52,30 V, entrada de refrigeración 0,96 V

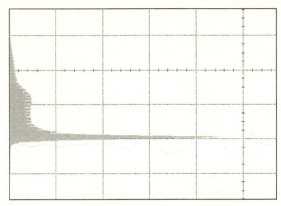

FIG. 64 Terminal positivo 3,293 V.

Tensión aplicada al detector 54,00 V, entrada de refrigeración 0,60 V

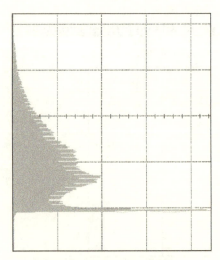 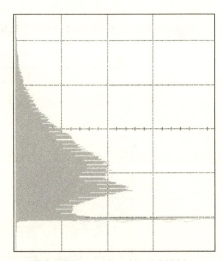

FIG. 65 Terminal positivo 3,280 V.   **FIG. 66** Terminal positivo 3,283 V.

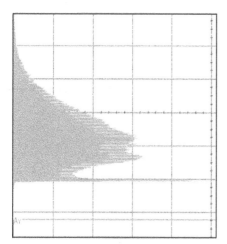

FIG. 67 Terminal positivo 3,286 V.

5.4 Análisis de los resultados

Los patrones de conteo de pocos fotones a diferencia de los patrones de señales luminosas más energéticas (que se ajustan a distribuciones de probabilidad de Gauss) se asocian a funciones de distribución de Poisson (pocos eventos) para valores pequeños del parámetro λ.

$$f(x,\lambda) = \frac{e^{-\lambda}\lambda^x}{x!}$$

La siguiente figura muestra diferentes ajustes de Poisson variando el parámetro λ. De esta forma se observa como un mismo ajuste utilizando diferentes valores de este parámetro hace que la representación varíe de una forma semejante a una distribución de Gauss (muchos eventos) hasta una función de probabilidad de forma de distribución de Poisson (pocos eventos).

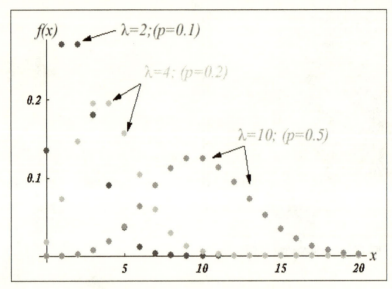

FIG. 68 Ajustes de Poisson para diferentes λ.

En este caso, se comprueba que los patrones de conteo obtenidos se ajustan con bastante precisión a una densidad de probabilidad de Poisson con un parámetro λ de valor aproximado 4 (figura 69).

Los histogramas capturados muestran, como se ha comentado anteriormente, la frecuencia de aparición de los sucesos asociados a señales de cierto número de fotones. En este caso, debido a la anchura de pulso de alimentación del láser y la tensión de polarización, sólo son observables picos asociados a 0 fotones, 1 fotón, 2 fotones y 3 fotones, siendo inapreciables las señales referidas a un elevado número de fotones debido a su baja frecuencia de sucesos.

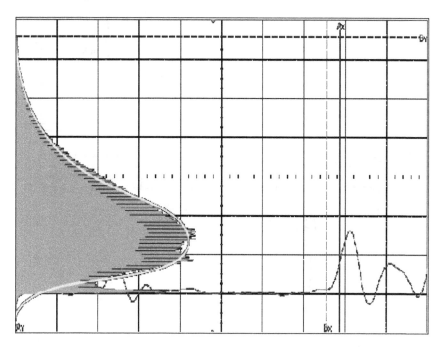

FIG. 69 Ajuste a histograma de dos fotones.

Debido a que se trabaja con muy bajos niveles de emisión luminosa, el efecto de parpadeo o "blinking" de la fuente emisora se hace notable. Por ello cuando se disminuye progresivamente la alimentación del diodo láser, la probabilidad de emisión correspondiente a 0 fotones aumenta respecto al resto de emisiones.

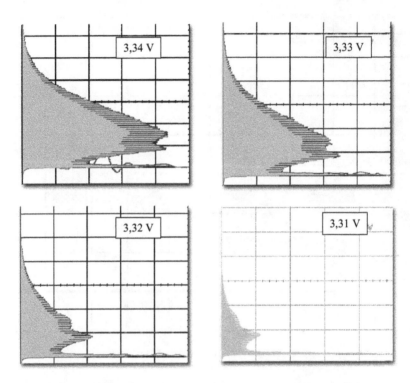

FIG. 70 Variación del número de fotones emitidos con la tensión de alimentación.

Dependiendo de la polarización del sistema, el generador se puede configurar para obtener un sistema con menor probabilidad de emisión con parpadeo pero mayor número de fotones o, por el contrario, se puede disponer de un sistema con baja probabilidad de emisión de 2 fotones pero mayor densidad de parpadeo.

Se recomienda trabajar con una polarización positiva de 3,31 V y negativa de 12,00 V.

6. Listado de componentes

6.1 Sistema emisor

Componente	Cantidad	Encapsulado	Distibuidor	Código
Diodo 1N4148	2	SOD-323	Farnell	161-2348
Condensador 33pF	1	SMD-1808	RS	723-4897
Condensador 100µF	1	SMD	Farnell	165-7946
BUF634	1	SOIC-8	Farnell	121-2267
SRD	1	SOD-323	MCE Metelics	SMMD840
Inversor 74AC14	1	SOIC-14	Farnell	959-0234
Diodo Schottky BAT17	1	SOT-23	Farnell	1081187R L
Potenc. Bourns	2	SMD	Farnell	168-9911
Resistencia 51 Ω	1	SMD	Farnell	420074
Resistencia 560 Ω	1	SMD	Farnell	9236805
Potenc. 1KΩ	1	SMD	Farnell	117-4300
Conector	1		Farnell	112-1834
Conector	1		Farnell	113-1812
Conector	1	SMA	RS	616-3422
PCB	1		Eurocircuits	
Laser 1550 nm	1	FC/PC	Thorlabs	LPS-1550-FC

Tabla 4. Componentes del generador de pulsos.

6.2 Sistema detector

Componente	Cantidad	Distibuidor	Código
Módulo detección	1	Amplification Tec.	DEM2NIRDAPD
Amplificador	2	MiniCircuits	ZPUL-30P

Tabla 5. Componentes del sistema de test.

7. Coste mínimo de sistema autocorrelador

Como quedó reflejado en el apartado 3 un sistema autocorrelador básico se compone de dos detectores, un retardador temporal y un divisor de haz. De esta forma se estima el coste de éste sistema.

Componente	Cantidad	Distibuidor	Código	Precio (€)
Módulo detección	2	Amplification Tec.	DEM2NIR DAPD	6245
Divisor de haz	1	Thorlabs	CM1-BS013	233,16
Retardador temporal	1	-	-	-
				12723,16

Tabla 6. Cálculo del coste.

Éste sería el coste mínimo a falta del diseño del retardador temporal ya que, de pendiendo del tipo de retardo (electrónico o óptico) se consiguen distintas configuraciones. Aun así el precio que supone el desarrollo de un sistema de medida de este tipo encarecería la detección sensiblemente. Asimismo, un montaje "al aire" requiere, no sólo un trabajo tecnológico óptico especializado, sino un centro de trabajo especializado a su vez que garantice unas condiciones mínimas de luz. Este tipo de entornos de trabajo es propio de los laboratorios de bajas luminancias donde se testean equipos que operan en ausencia o condiciones de mínima iluminación como son los equipos de visión nocturna.

Estos laboratorios se caracterizan principalmente por disponer de paredes cubiertas con pintura negra y difusa y bancadas ópticas estabilizadas. De manera que no sólo se trabaja a muy bajos niveles de luxes, sino que se consiguen alineamientos con mínimo error.

El coste económico y el hecho de que el laboratorio donde se ha desarrollado el trabajo no cumpla dichos requisitos, fueron determinantes a la hora de elegir el tipo de sistema utilizado para verificar el funcionamiento de la fuente diseñada.

8. Conclusiones

El informe refleja el diseño y desarrollo de un sistema emisor de fotón único centrado en 1548.8 nm a una frecuencia de operación de 5 MHz. Los distintos patrones de conteo obtenidos, bajo distintas configuraciones tanto del sistema emisor como del sistema de detector, verifican que el sistema efectivamente es emisor de fotones individuales, ya que se distinguen diferentes grupos de fotones (hasta 3 polarizando a 3,310 V) que se ajustan a una distribución de probabilidad de Poisson.

El sistema desarrollado se puede reconfigurar mediante distintos niveles de polarización dependiendo de los requerimientos funcionales. De esta manera se puede disponer de un sistema con una alta relación de emisión de un fotón sobre dos fotones, penalizado por el efecto blinking, o un sistema con efecto blinking mitigado pero una probabilidad de emisión de dos fotones similar a la probabilidad de emisión de un único fotón.

El diseño se basa en un sistema electrónico generador de pulsos con dos salidas: trigger y alimentación del diodo láser. Tanto el sistema electrónico como el diodo láser se encuentran modularmente separados de manera que, en caso de fallo o deterioro de cualquiera de estos dos elementos, no se requiere un cambio completo del dispositivo, simplemente de la parte afectada.

Se garantiza el aislamiento electromagnético del sistema de manera que la emisión es estable.

Se ha estudiado una serie de artículos relacionados con fuentes emisoras de fotón único que abordan el problema de la obtención eficiente y estable de un único fotón, por pulso de excitación del sistema, desde puntos de vista distintos pero centrados en el mismo aspecto: la tecnología de fabricación del núcleo emisor. Estos diseños se basan en la obtención directa del fotón único desde el punto emisor del sistema a diferencia de un diseño basado en la excitación de un haz láser.

El principal problema [19] del diseño basado en la excitación de un láser o diodos emisores de luz (LEDs) reside en que el número de fotones en estos pulsos está descrito por una estadística de Poisson, de manera que siempre existe una posibilidad no nula de que más de un fotón se emita en un determinado pulso. Hecho que vuelve el sistema susceptible de ataques.

El anterior factor puede que sea determinante para que las líneas de investigación se centren en los diseños basados en puntos cuánticos y centros de color insertados en cristales de diamante. Respecto a los desarrollos basados en punto cuántico, el principal inconveniente que presentan es su temperatura de trabajo, temperatura criogénica, lo que conlleva que el sistema tenga que incorporar un mecanismo potente de refrigeración. La mayoría de estos sistemas necesitan una excitación láser, pero los últimos diseños avanzan en la forma de alimentarlos eléctricamente lo que les confiere una mayor flexibilidad.

Otra limitación actual es que pocos de éstos hacen referencia a una emisión de fotón único en la banda de las telecomunicaciones (ver tabla 1).

Los sistemas basados en centros de color presentan la ventaja de que trabajan a temperatura ambiente. Sin embargo son más inflexibles a la hora de su alimentación, ya que a día de hoy es puramente óptica. La longitud de onda de emisión también se presenta como una limitación para su uso en las telecomunicaciones ya que para estos diseños la línea espectral de emisión es inferior a 800 nm.

Un problema común a estas dos tecnologías de fabricación de fuentes es la inyección de los fotones en fibra óptica (pocos diseños han conseguido la implantación de sus núcleos en fibra óptica). También se desconoce cuán costoso resultan estas tecnologías de fabricación e implantación de puntos cuánticos y centros de color y, en su caso, del sistema de refrigeración.

Todos los desarrollos de fuentes mencionados en este informe certifican que sus desarrollos son válidos como generadores de fotones individuales a partir de la función de autocorrelación de segundo orden $g^{(2)}$ (τ). Un valor de autocorrelación para un desfase cero inferior a 0.5 garantiza que la fuente es emisora de fotón único. El desarrollo experimental utilizado para medir la función de autocorrelación de segundo orden se basa en el interferómetro *Hanbury-Brown-Twiss* (HBT). Sin embargo ninguno de los diseños encontrados complementa la condición de $g^{2}(0) < 0.5$ con medidas de un contador fotónico (obtención de histogramas de patrones de conteo fotónico).

9. Referencias

[1] I Aharonovich, S Castelletto, D A Simpson, c-H Su, A D Greentree and S Prawer 2011 Diamond-based single-photon emitters Rep. Prog. Phys. 74 076501

[2] E Wu, V. Jacques, F. Treussart, H. Zeng, P. Grangier and J.-F. Roch 2005 Diamond-Based Single-photon Emission in the Near Infrared 9th Colloquium on Lasers and Quantum Optics (COLOQ 9)

[3] F Pisanello, L Martiradonna, G Leménager, P Spinicelli, A Fiore, L Manna, JP Hermier, R Cingolani, E Giacobino, M De Vittorio, and A Bramati 2010 Room temperature-dipolelike single photon source with a colloidal dot-in-rod Applied Physics Letters 96, 033101

[4] A. Lochmann, E. Stock, J.A. To ¨ fflinger, W. Unrau, A. Toropov, A. Bakarov, V. Haisler and D. Bimberg 2009 Electrically pumped, micro-cavity based
single photon source driven at 1 GHz Electronics Letters Vol. 45 No. 11

[5] B. Naydenov, R. Kolesov, A. Batalov, J. Meijer, S. Pezzagna, D. Rogalla, F. Jelezko and J. Wrachtrup 2009 Engineering single photon emitters by ion implantation in diamond Pplied Physics Letters 95, 181109

[6] T Schröder, A W. Schell, G Kewes, T Aichele and Oliver Benson 2011 Fiber-Integrated Diamond-Based Single Photon Source Nano Letters Volume: 11   Issue: 1 Pages: 198-202

[7] E Stock, W Unrau, A Lochmann, JA Töfflinger, M Öztürk, A I Toropov, A K Bakarov, V A Haisler and D Bimberg 2011 High-speed single-photon source based on self-organized quantum dots Semiconductor Science and Technology 26 (2011)

[8] A Tribu, G Sallen, T Aichele,R André, J P Poizat, C Bougerol, S Tatarenko and K Kheng 2008 A High-Temperature Single-Photon Source from Nanowire Quantum Dots Nano Letters Vol. 8, No. 12 4326-4329

[9] V Ahtee, R Lettowa, R Pfaba, A Renna, E Ikonenb, S Götzinger and V Sandoghdar 2008 Molecules as sources for indistinguishable single photons Journal of Modern Optics Vol. 56, Nos. 2–3, 20 January–10 February 2009, 161–166

[10] E Wu, V Jacques, H Zeng, P Grangier, F Treussart and J F Roch 2006 Narrow-band single-photon emission in the near infrared for quantum key distribution Optical Society of America (270.5290) Photon Statistics

[11] W M Schulz, M Eichfelder, M Reischle, C Kessler, R Roßbach, M Jetter and P Michler 2010 Pulsed single-photon resonant-cavity quantum dot LED Journal of Crystal Growth 315 (2011) 127–130

[12] S. G. Lukishova, L. J. Bissell, C. R. Stroud, Jr., and R. W. Boyd 2010 Room-Temperature Single Photon Sources with Definite Circular and Linear Polarizations Optics and Spectroscopy, 2010, Vol. 108, No. 3, pp. 417–424

[13] G D Marshall, T Gaebel, J C F Matthews, J Enderlein, J L O'Brien and J R Rabeau 2011 Coherence properties of a single dipole emitter in diamond New Journal of Physics 13 (2011) 055016 (10pp)

[14] B Lounis and M Orrit 2005 Single-photon sources Rep. Prog. Phys. 68 (2005) 1129–1179

[15] D Steinmetz, E Neu, J Meijer, W Bolse, C Becher 2011 Single photon emitters based on Ni/Si related defects in single crystalline diamond Appl Phys B (2011) 102: 451–458

[16] M H Baier E. Pelucchi E Kapon, S. Varoutsis, M. Gallart, I. Robert-Philip and I. Abram 2004 Single photon emission from site-controlled pyramidal quantum dots Applied Physics Letters Volume 84, Number 5

[17] T. Usuki, Y Sakuma, S Hirose, K Takemoto, N Yokoyama, T Miyazawa, M Takatsu and Y Arakawa 2006 Single-photon generator for optical telecommunication

Wavelength Journal of Physics: Conference Series 38 140–143

[18] W E Moerner 2004 Single-photon sources based on single molecules

in solids New Journal of Physics 6 (2004) 88

[19] M Pelton, C Santori, G S Solomon, O Benson and Y Yamamoto 2002 Triggered single photons and entangled photons

from a quantum dot microcavity Eur. Phys. J. D 18, 179{190

[20] I Aharonovich, S Castelletto, D A Simpson, A Stacey, J McCallum, A D Greentree and S Prawer 2009 Two-Level Ultrabright Single Photon Emission from Diamond Nanocrystals Nano Letters Vol. 9, No. 9 3191-3195

[21] T Schröder, F Gädeke, M J Banholzer and O Benson 2010 Ultrabright and efficient single-photon generation based on nitrogen-vacancy centres in nanodiamonds on a solid immersion lens New Journal of Physics 13 (2011) 055017

[22] M Giovannini Hanbury Brown–Twiss interferometry and second-order correlations of inflaton quanta 2011 PHYSICAL REVIEW D 83, 023515

[23] Aharonovich I, Castelletto S, Simpson D A, Greentree A D and Prawer S 2010 Photophysics of chromium-related diamond single-photon emitters Phys. Rev. A 81 043813

[24] Y Chi, G Chen, F Jelezko, E Wu and H Zeng 2011 Enhanced Photoluminescence of Single-Photon Emitters in Nanodiamonds on a Gold Film Ieee Photonics Technology Letters, Vol. 23, No. 6

[25] T Fukushima, Y Hijikata, H Yaguchi, S Yoshida, M Okano, M Yoshita, H Akiyama, S Kuboya, R Katayama, K Onabe 2009 Photoluminescence from single isoelectronic traps in nitrogen delta-doped GaAs grown on GaAs(1 1 1)A Physica E 42 2529–2531

[26] M B Ward, Z Yuana, R M Stevensona, B E Kardynal, C J Lobob, K Cooper, D A Ritchie and A J Shields 2002 A single photon emitting diode Free-Space Laser Communication and Laser Imaging II SPIE Vol. 4821

[27] C Monat, B Alloing, C Zinoni, L H Li and A Fiore 2006 Nanostructured Current-Confined Single Quantum Dot Light-Emitting Diode at 1300 nm Nano Letters Vol. 6, No. 7 1464-1467

[28] E S Semenova, R Hostein, G Patriarche, O Mauguin, L Largeau, I Robert-Philip,
A Beveratos and A Lemaître 2008 Metamorphic approach to single quantum dot emission at 1.55 µm on GaAs substrate JOURNAL OF APPLIED PHYSICS 103, 103533

[29] J Claudon, J Bleuse, N S Malik, M Bazin, P Jaffrennou, N Gregersen, C Sauvan, P Lalanne and J M Gérard 2010 A highly efficient single-photon source based on a quantum dot in a photonic nanowire Nature Photonics DOI: 10.1038 / NPHOTON.2009.287

[30] I Aharonovich, C Zhou, A Stacey,J Orwa, S Castelletto, D Simpson, A D Greentree, F Treussart, J F Roch and Steven Prawer 2009 Enhanced single-photon emission in the near infrared from a diamond color center Physical Review b 79, 235316

[31] D Englund, B Shields, K Rivoire, F Hatami, J Vučković, H Park and M D Lukin 2010 Deterministic Coupling of a Single Nitrogen Vacancy Center to a Photonic Crystal Cavity Nano Lett.10, 3922–3926

[32] I Aharonovich, S Castelletto, B C Johnson, J C McCallum, D A Simpson, A D Greentree, and Steven Prawer 2010 Chromium single-photon emitters in diamond fabricated by ion implantation Physical Review b 81, 121201

[33] P Antoranz, I Vegas, JM Miranda 2010 A 4 V, ns-range pulse generator for the test of Cherenkov Telescopes readout electronics NUCLEAR INSTRUMENTS & METHODS IN PHYSICS RESEARCH SECTION A - ACCELERATORS SPECTROMETERS DETECTORS AND ASSOCIATED EQUIPMENT Vol 620, pages 456-461

www.ingramcontent.com/pod-product-compliance
Lightning Source LLC
LaVergne TN
LVHW042348060326
832902LV00006B/474